Saki e

Pascale de Bourgoing

CALLIGRAM
CHRISTIAN GALLIMARD

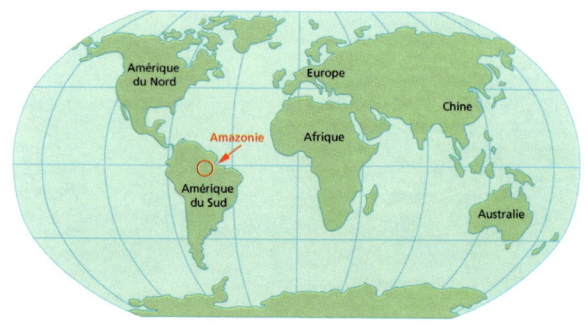

Saki est un petit Indien d'Amérique du Sud,
il vit dans l'immense forêt amazonienne.
Autrefois ils étaient deux ou trois millions.
Aujourd'hui, ils ne sont plus que deux cent mille
à défendre leur territoire.

© 2000 Calligram
Tous droits réservés
Imprimé en CEE
ISBN : 2-88445-552-3

Saki quitte son hamac. Dans quelques jours, son frère Massili va devenir adulte et ce matin le village organise une grande pêche pour nourrir les invités de la fête.

Tôt ce matin, les hommes ont jeté dans la rivière des lianes empoisonnées. Les poissons étourdis remontent à la surface et la pêche commence.

Saki sait pêcher au harpon et même à l'arc. Sur le bord, les poissons sont vidés, et ensuite salés ou fumés pour qu'ils puissent être conservés.

Le lendemain, femmes et enfants partent au jardin. Les hommes ont debroussaillé ce coin de forêt, les plantations et les récoltes restent le travail des femmes.

Massili regarde le tissage dans lequel fourmis et guêpes ont été endormies et emprisonnées. Pourra-t-il supporter cette dernière épreuve ?

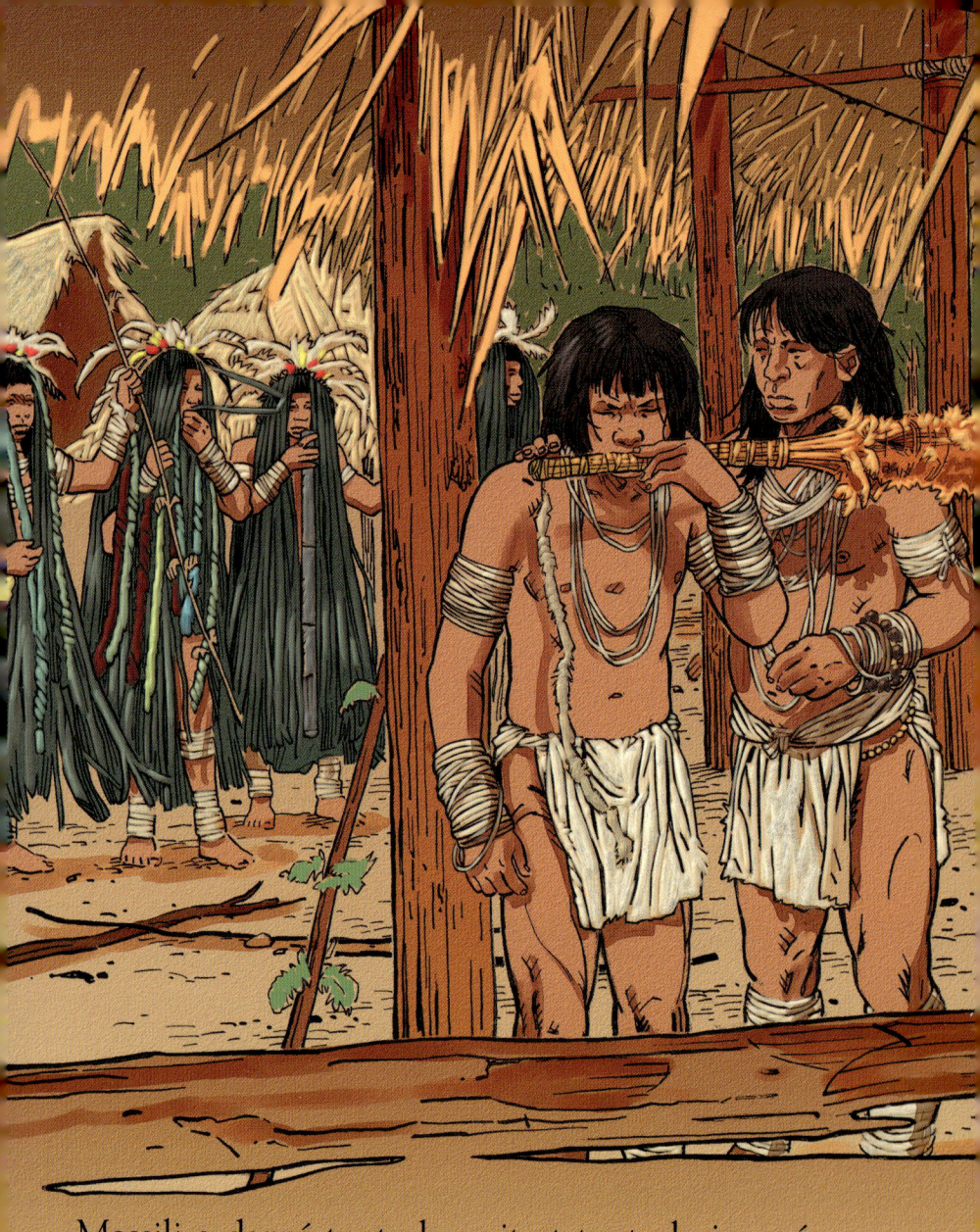

Massili a dansé toute la nuit et toute la journée sous ses kilos de perles et son casque de plumes. Il est épuisé. On lui ôte sa parure pour l'épreuve des fourmis et des guêpes.

Un homme s'empare du tissage et le frotte sur Massili. Les insectes réveillés enfoncent leur dard dans la peau. Massili fronce le nez, mais aucun son ne sort de sa bouche !

Massili a supporté les épreuves, Saki est fier de lui. Il sait qu'un jour lui aussi sera initié, mais en attendant il doit continuer à apprendre son métier d'homme.

Le grand jour est arrivé pour Massili. Sa mère peint trois monstres-chenilles sur son visage. Son père sort les colliers de perles qu'il a réparés et frottés au savon.

À côté, Saki retourne une galette de manioc. Puis il la fera sécher au soleil pour qu'elle devienne fine et croustillante. Ces galettes sont le pain des Indiens.

Sauras-tu retrouver toutes ces vignettes dans ton livre ?

Le dicomage de l'Amazonie

un arc   des bananes   un banc   une barque

une calebasse   un canif   un casque de danse   un chien

des colliers de perles   une corbeille   une échelle

un éventail   des feuilles de tabac   du fil de coton

une flûte   un fusil   une galette de manioc